RICHTIG ENTSCHEIDEN FÜR FRAUEN

Selbst-Coaching mit I Ging

IMPRESSUM

Bibliographische Information der Deutschen Nationalbibliothek: Die Deutsche National- bibliothek verzeichnet diese Publikation In der Deutschen Nationalbibliographie; detaillierte bibliographische Daten sind im Internet über http://dnb.dnb.de abrufbar

Copyright® Maria Piechowska 2020
Lektorin: Leonie Barenbrock
Titel-Illustration: Erika Jansen
Design und Druckvorstufe: WerbedesignKolbe.de
Herstellung und Verlag: BoD-Books on Demand, Norderstedt

ISBN-Nr: 9 783 752 804 645

Über das Ziel

Wer das Ziel kennt, kann entscheiden. Wer entscheidet, findet Ruhe. Wer Ruhe findet, ist sicher. Wer sicher ist, kann überlegen. Wer überlegt, kann verbessern.

Konfuzius: „Die Gespräche"

Über Hindernisse im Leben

Immer wird die Einheit, wo sie nicht zustande kommt, (...) durch einen Hindernden und Hemmenden aufgehalten. Da muss man energisch durchgreifen, damit kein dauernder Schaden entsteht. Solche bewussten Hinderungen verschwinden nicht von selbst.

Aus „I Ging, Das Buch der Wandlungen",
Hexagramm 21 „Das Durchbeißen")

Über langfristige Erfolge

Man darf keine raschen Erfolge wünschen und darf nicht auf kleine Vorteile sehen. Wenn man rasche Erfolge wünscht, so erreicht man nichts Gründliches; wenn man auf kleine Vorteile aus ist, so bringt man kein großes Werk zustande.

Konfuzius: „Die Gespräche", Buch XIII, 17

INHALTSVERZEICHNIS

VORWORT

Ich freue mich sehr, dass wir uns jetzt zum gemeinsamen Austausch gefunden haben! Ich kenne Dich noch nicht, aber ich spüre, dass Du einige Fragen zu Deinem Leben hast. Du stellst diese Fragen seit längerer Zeit und hast noch keine zufriedenstellenden Antworten gefunden. Mache Dir deswegen aber bitte keine Vorwürfe. Du bist gerade auf dem Weg Dich und Deine Bedürfnisse besser zu verstehen und verschiedene Möglichkeiten auszuprobieren.

Dazu gratuliere ich Dir! Zusammen, Du und ich, finden wir den besten Weg um Entscheidung zu treffen. Das geheime Mittel, dass ich Dir mit auf Deinen Lebensweg geben will, ist das I Ging – aus dem Chinesischen das Buch der Wandlungen. Seit 20 Jahren begleitet mich das Buch – treu und zu jeder Stunde. Oft erhielt ich einen Rat, der mir selbst nie einfallen würde, weil er außerhalb meiner bewussten Erfahrung lag.

In dieser Anleitung will ich meine Erfahrungen aus 20 Jahren I Ging-Praxis mit Dir teilen. Komplexes Wissen kann auch einfach dargestellt werden, wie der Umgang mit dem Computer. Nur fünf Stufen und Du kannst die Kluft zwischen Deinem Anliegen und der richtigen Entscheidung überbrücken.

Das I Ging ist ein zweieinhalb Jahrtausende altes Reichtum menschlicher Weisheiten, das in seiner Geschichte keine Anbindung an irgendeine Religion hat. Unzähligen Menschen, auch bekannten Persönlichkeiten aus Literatur, Philosophie und Psychologie wie Carl Gustav Jung, Hermann Hesse, Agatha Christie und Bob Dylan, ist diese Sammlung zu einem unverzichtbaren Begleiter geworden.

Das I Ging hat die Fähigkeit „über den Tellerrand" zu sehen und auch etwas zu erspüren, was noch nicht sichtbar ist. So ist das I Ging mein klügstes Buch und mein Ratgeber geworden.

Wer hat denn eine Freund*in, die sich mitfühlend ein Anliegen anhört und kluge Ratschläge gibt, deren Umsetzung noch nach Jahren Sinn machen? Aus diesen Überlegungen entstand in meinem Geiste eine weibliche Persona I Ging. Wenn Du erlaubst, nenne ich sie im Weiteren die I Ging-Frau. Es ist die Frau, die sich wandelt. Wahrscheinlich verstehst Du es, wenn Du diese Anleitung gelesen hast.

In diesem E-Book will ich Dir gerne einfache, schon erprobte Schritte zeigen, wie Du Dir selbst ganz individuell für Deine konkrete Lebenssituation Rat geben kannst.

Lass uns so mit dem Wandel beginnen.

Für eine gute I Ging Weissagung brauchst Du:

- Ein I Ging Buch mit Texten zu 64 Bildern
  genannt Hexagramme
- Ein I Ging Karten-Set mit 64 Bildern
- Ein I Ging Notizheft

Das „Wie" findest Du genau beschrieben in der folgenden Anleitung. Es sind:

1. Klärung Deines Anliegens
2. Eine gute Frage stellen
3. Befragung an I Ging
4. Interpretation
5. Zielformulierung und Umsetzung

Um Deine erste I Ging Befragung so verständlich wie nur möglich darzustellen möchte ich Dich zuerst an die Kunst der Arbeit mit den Karten heranführen. Wenn Dich zusätzlich die Befragung mit drei Münzen interessiert, schreibe mir kurz per Email: maria.piechowska@gmx.de .

Dein I Ging-Buch

Du kannst Dir vorstellen, dass über das letzte Jahrtausend, als die I Ging-Philosophie nach Westen kam, viele verschiedene Übersetzungen aus dem Chinesischen entstanden, vor allem auf Englisch. Im deutschsprachigen Raum sind auch mehrere Texte im Umlauf.

Viele internationale Fassungen der originalen I Ging Quelle basieren auf dem weltweit bekannten Klassiker in deutscher Sprache von Richard Wilhelm „I Ging, das Buch der Wandlungen" aus dem Jahr 1923.

Wenn Du an anderen Empfehlungen für ein I Ging-Buch interessiert bist, gehe auf meine Webseite https://www.coaching-piechowska.com/tools. Jedes von den dort aufgelisteten Büchern kann in Kombination mit dem Kartenset oder drei chinesischen Münzen zur Weissagung genutzt werden.

Dein I Ging Karten-Set

Aktuell, d.h. im 21. Jahrhundert werden als das Mittel zur Weissagung 64 I Ging-Karten bzw. drei Münzen verwendet. Beide entsprechen dem schnellen Geist der heutigen Zeit und haben ihre Vorteile: die kleinen Münzen passen in jede Tasche, brauchen aber eine flache Unterlage und 2-5 Minuten Zeit für den 6-mal Wurf. Das I Ging Kartenset ist größer, dafür benötigst Du nur konzentrierte 3 Sekunden um zwei Karten aus dem Stapel zu ziehen.

Für den motivierten Anfänger als auch sog. „Mittelstufe" empfehle ich zurzeit das klug geschriebenes Buch mit dem asiatisch angehauchten hochwertigen I Ging

Kartenset von Marlies Holitzka und Klaus Holitzka "I Ging, Orakel, Beratung und Lebenshilfe".

Dein I Ging Notizheft

Für eigene Notizen aus der I Ging-Weissagung brauchst Du noch ein Heft, am besten etwas Schönes zum Anfassen und Anschauen. Dieses Heft wird Fragen und Ergebnisse zur jeweiligen Weissagung dokumentieren.

Es wird Dir ermöglichen, sich an die genaue Geschichte jedes Anliegens zu erinnern und die Treffsicherheit der I Ging-Weissagung mit den tatsächlichen Ereignissen zu überprüfen.

Aus meiner Erfahrung erschienen mir bestimmte Symbole mehrmals nacheinander um mir klar zu machen, dass ich bei einer bestimmten Lektion noch länger bleiben muss. Es ist wie in der Schule: als ob man in die weiter führende Stufe nicht versetzt wurde. Danach wurden die Symbole mit anderen ersetzt, wo ich wieder ein Lernbedürfnis hatte.

So hatte ich über lange Monate den Symbol „Stille", in anderen Worten Meditation, um mir zu verdeutlichen, dass mein Geist zu sprunghaft war um größere Themen zu erfassen und meistern. Mir schien es zu langweilig, einfach still zu sitzen und den ruhigen Alltag zu akzeptieren. Im Nachhinein hat sich gelohnt.

Diese Anleitung hätte keine Chance zu entstehen, wenn ich nicht lange und tiefsinnig über mein eigenes Leben nachgedacht hätte.

Also, sei Deine eigene Reporterin und schreibe I Ging Erfahrungen in das neue Heft. Der Lohn dafür wird den Einsatz mehrfach übertreffen.

Es spielt keine Rolle, was genau Du verändern möchtest. Vielleicht sind es keine großen Beziehungsthemen oder Jobwechsel, sondern es geht nur darum herauszufinden, was Dich mit mehr Freude erfüllen würde. Mit diesem Buch kannst Du Dich trauen, ganz kleine Schritte zu machen und zwar in Deinem Tempo.

Sich mit einer Freundin oder Arbeitskollegin zu vergleichen ist oft naheliegend, bringt aber nichts für Deine Situation. Dein Leben verlief bis jetzt anders als bei Deiner Arbeitskollegin. Sicher hat auch sie Sorgen, höchstwahrscheinlich aber ganz andere als Du.

Schon vorab, die I Ging-Frau wartet darauf Dich bei Deinem Anliegen zu unterstützen. Sie ist eine Expertin darin. Sie brennt dafür Dir eine präzise Antwort zu geben.

> *Die präzise Antwort wird möglich, wenn Deine Frage „ins Schwarze trifft".*

Im Weiteren findest Du eine Anleitung, die richtige Frage für Dein Anliegen zu formulieren.

Nur keine Hektik!

Es ist an sich in Ordnung, wenn Du lange über eine Entscheidung nachdenkst. Es könnte sein, dass das Anliegen vielschichtig ist. Du möchtest viele Aspekte überprüfen und Informationen sammeln. Die Länge der Wartezeit oder Sich-Nicht-Entscheiden ist subjektiv. Niemand darf Dir vorwerfen, dass Du zu lange über eine Sache nachdenkst.

Aus Erfahrung weißt Du, dass es nicht immer klug ist, eine Lösung direkt herbeizuführen sogar wenn es offensichtlich ist. Das aktive Warten gibt Dir Zeit, die Kraft zu sammeln, die weitere Entwicklung der Situation zu beobachten und verschiedene Strategien durchzuspielen. Vielleicht hast Du auch ein leises Bauchgefühl mit einer überraschenden Nachricht.

Dein Mindset

Die Art und Weise wie Du Dein Thema betrachtest, ob als Chance oder Bedrohung, ob mit Hoffnung oder Unsicherheit ist von Deiner Einstellung abhängig. Grundsätzlich ist Deine ehrliche Feststellung wichtig, dass Dich etwas nicht mehr zufriedenstellt.

Diese offene Herangehensweise wird Dir ermöglichen Sachen beim Namen zu nennen und nicht etwas zu beschönigen. Sei ehrlich zu Dir, nehme Dir 10 Minuten Zeit und lese folgende Fragen. Notiere die Antworten in Dein neues I Ging Heft. Es werden Deine ersten wichtigen Eintragungen:

- Wie ist Deine grundsätzliche Einstellung zu Entscheidungen?

- Wann hast Du zuletzt eine große Entscheidung getroffen?

- Wie hast Du es geschafft, Dich zu entscheiden?

Ich fühle, dass Du gerade eine Fähigkeit in Dir entdeckst etwas kraftvoll anzupacken. Merke Dir bitte, Dein Mindset wird später eine Hauptrolle spielen, die erhaltene I Ging-Antwort in eine konkrete Handlung umzusetzen.

An welcher Stelle? Prioritäten

Eine große Rolle bei Entscheidungen spielen die Priorität und der Stellenwert, den Du den verschiedenen Bereichen Deines Lebens zuordnest. Zur Priorität A gehören die wichtigsten Werte bzw. Bedürfnisse in Deinem Leben.

Übung 1:

Nimm wieder Dein I Ging-Heft und schreibe alle die Bereiche auf.

....

....

....

....

....

Bewerte sie nach Deinen Prioritäten.

....

....

....

....

....

Beispielweise für Barbara, 55 J. und Single, deren wahre Geschichte später erzählt wird, sind es ihr toller Arbeitgeber und Leben in Düsseldorf. Barbaras Prioritäten B, C und D sind der Prio A untergeordnet. Zurück zu unserem Warte-Modus vor einer großen Entscheidung. In dieser „Warte-Zeit" hast Du reichlich Zeit um Dein Bedürfnis (Anliegen) aus verschiedenen Winkeln zu betrachten, so wie es im Fall von Katharina war.

Wahre Geschichte

In unserem ersten Gespräch erzählte mir Katharina sehr besorgt, dass sie gleichzeitig an drei Fronten kämpft: Erstens hat ihr Freund sie nach 3-jähriger Beziehung verlassen; zweitens muss sie aus der gemeinsamen Wohnung ausziehen und drittens, kommt sie nicht zurecht mit ihren Arbeitskollegen. Katharina hat eine sichere Stelle als Sachbearbeiterin und bis jetzt hat sie ihre Miete mit ihrem Freund gleichmäßig geteilt. Durch seinen Auszug muss sie jetzt eine volle Miete zahlen.

Für Katharina sind alle drei Anliegen gleichermaßen wichtig. Sie kann sich nicht entscheiden. Deshalb fragt sie die I Ging-Frau:

„Mit welchem Thema soll ich zuerst in meiner Situation anfangen?"

Wo? Fünf Lebensbereiche

So, nun zu Dir. Was sind Deine Lebensfragen oder was ist Dein Anliegen? Ich spüre, dass Du einiges in Deinem Leben verändern möchtest. Es könnte besser laufen, denkst Du? Dann schauen wir mal auf Dein Leben. Grundsätzlich kannst Du es inhaltlich in fünf Hauptbereiche einteilen:

1. Beziehung (Liebe),
2. soziale Kontakte (Familie, Freunde, Verein, usw.),
3. Beruf und finanzielle Absicherung,
4. Gesundheit (Körper und Geist) un
5. Werte (Persönlichkeit, Glaubenssätze, Selbstentfaltung).

Falls Du morgens mit vielen Fragen und Zweifeln aufwachst, entscheide Dich für einen Bereich, der für Dich zurzeit am dringendsten ist.

Wähle jetzt bitte den Lebensbereich, der eine Veränderung benötigt:

....

....

....

....

Um eine sinnvolle Veränderung anzustoßen, musst Du den Kern des Anliegens finden. Danach überlegst Du, welches Wissen über das Anliegen Dir den sprichwörtlichen Schlüssel zur Lösung bietet. Wie das geht, lernen wir zusammen im nächsten Kapitel.

Das Geheimnis einer guten Frage

Eine gute Frage ist eine **offene Frage** und sie besteht aus vier Elementen:

1. Fragewort
2. die Person um die es geht
3. die Situation und
4. der Zeitrahmen

Fragewort

Durch eine Frage will man so viel wie möglich in Erfahrung bringen. Deshalb stelle eine offene Frage. Sie fängt mit den W-Worten an z.B. Wie, Was, Welche, Wann, Warum ...

Person

In dieser Anleitung geht es hauptsächlich um Dich. Deshalb stelle eine Frage über Dich selbst,

Klärung der Situation

Deine Frage betrifft unbekannte Aspekte einer Situation. Deshalb frage auf eine Art und Weise, dass Deine Frage alle Wahrscheinlichkeiten einschließen kann.

Apropos „unbekannt". Die I Ging-Frau sieht Dinge unter der Oberfläche, die Dir nicht zugänglich sind. Es ist die Chance in Deiner Frage über das Unsichtbare zu erfahren. Trotzdem unterliege nicht der Versuchung sich in die ferne Zukunft zu verlieren. Überspringe nicht den natürlichen Ablauf der Dinge. Z.B. wenn Du auf einer Arbeitssuche bist, sorge Dich nicht um die Zusammenarbeit mit dem Chef. Mache Dir stattdessen Gedanken über die Passung zwischen Deinen Kompetenzen und dem zukünftigen Arbeitgeber.

Der Zeitrahmen: Tage, Wochen, Monate ...
Es geht darum, Dich mit Deinen derzeitigen Lebensumständen zu befassen, die gerade jetzt eine Lösung benötigen. Deshalb begrenze den Zeitraum z.B. auf jetzt, drei Wochen oder drei Monate.

Hier ein paar Fragenbeispiele zu einer Situation am Arbeitsplatz:

- Was kann ich in den nächsten 3 Monaten tun, um befördert zu werden?
- Was passiert wenn ich diese Stelle annehme?
- ..Wie kann ich die Kommunikation mit meinem Chef in nächsten 3 Wochen verbessern?
- ..Warum geht mein Chef auf meine Anforderungen nicht ein?
- ..Was ist der Grund, weshalb die Arbeitskollegen mir nicht helfen?

Klärung der Situation
Wenn wir gerade eine schwierige Situation erleben, kommt sie uns wie ein Knäuel vor: durcheinander, ohne Anfang und Ende. Wir wissen wirklich nicht an welcher

Stelle es sinnvoll ist, nach dem Anfang zu suchen. Deswegen lass uns die Situation in zwei Schritte aufteilen, dargestellt im Arbeitsblatt 1 und 2.

> *Es ist wichtig, eine Haltung anzunehmen, die ehrlich und bestrebt ist, hinter die Dinge zu schauen.*

Wenn es möglich ist, höre aufmerksam Deiner intuitiven Stimme zu.

Übung 2a:
Dein Anliegen & Deine Bedürfnisse

Schreibe spontan über dein Anliegen was Dir einfällt und ohne nachzudenken. Schreibe quer über das Blatt oder untereinander. Die Ordnung ist unwichtig.

Erkennst Du bestimmte Muster aus früheren Situationen?

....

....

....

....

....

Was überrascht Dich?

....

....

....

....

Wie siehst Du Dich in dieser Situation?

....

....

....

....

Übung 2b:
Worum geht es wirklich?

Mit dieser Übung hast Du die Möglichkeit, die Situation aus verschiedenen Perspektiven zu sehen, wie mit dem Helikopter-Blick. Hier folgen ein paar klärende Fragen, worauf Du, auch in Deinem Notizheft, antworten kannst:

Wie fühlst Du Dich, wenn Du an diese Situation denkst?

(z.B. angespannt, enttäuscht, wütend oder weinend)

....

....

....

....

Wie ist es zu dieser Situation gekommen? ...

....

....

....

....

....

Was würde Dir Deine (a) Freund*in, (b) Arbeitskolleg*in, (c) Schwester oder Dein Bruder usw. raten?

....

....

....

....

....

Was ist die Sicht der betroffenen Person? Was sind ihre/seine Rolle und Bedürfnisse?

....

....

....

....

....

Mit diesen zwei Übungen bekommt das Anliegen eine neue Dimension und Tiefe.

Du wunderst Dich jetzt, wie viele neue Aspekte plötzlich erschienen sind. Mit dem gesammelten Wissen sollte es einfacher sein, die wichtigste Frage zu stellen.

Wahre Geschichte

Barbara, 55 J, geschieden, seit 10 Jahren allein lebend, wollte einen neuen Mann kennenlernen und eine Partnerschaft eingehen. Auf der anderen Seite war ihr klar, dass sie durch ausbleibende Kontakte mit Männern aus der Übung gekommen ist. Um sich langsam und behutsam auf eine Beziehung vorzubereiten könnte sie dieses große Projekt in Etappen aufteilen. Sie ist noch nicht darauf vorbereitet, zum Beispiel zu Partys zu gehen oder sich bei einem Online-Dating Portal anzumelden.

Barbaras Frage könnte lauten:

Was kann ich in den nächsten drei Monaten tun, um mich für eine Partnerschaft zu öffnen?

Merkst Du selbst? Diese Frage ist eine sogenannte offene Frage mit dem W-Wort am Anfang. Bei der offenen Frage kannst Du nicht die Antwort voraussagen; mehrere könnten es korrekt sein, je nach der Situation. So gibst Du Dir und der I Ging-Frau eine Chance, damit die verborgene Weisheit sich Dir offenbart.

Wie lautet Deine Frage an die I Ging-Frau?

....

....

....

....

....

Bist Du mit Deiner Frage zufrieden?
Wenn Du sagst:

> *„Wenn ich die Antwort auf diese Frage hätte,*
> *wüsste ich was zu tun ist"*

dann ist es eine sehr gute Frage.

I Ging: eine Philosophie oder ein Orakel?

Wenn Du eine gute und offene Frage hast, kann sich die I Ging-Frau in Deine Lage korrekt versetzen und Dir eine Antwort geben.

Du fragst natürlich: „Wie kann mir das 2500-Jahre alte Buch bei meinen Problemen aus dem 21 Jahrhundert helfen? Da ist eine sehr gute Frage! Das Buch wurde von Kaiser Wen circa 1100 v.Chr. herausgegeben, einem klugen Herrscher und Strategen, der einen Tyrann aus dem Land verbannt hat und mit seiner Krönung die neue Dynastie Zhou begann.

Konfuzius hat die Sammlung später mit klugen Kommentaren veredelt. Er war der berühmteste chinesische

Philosoph und Gründer einer politisch-philosophischen Richtung: des Konfuzianismus. Redewendungen von Konfuzius werden auch heute noch gerne zitiert:

Aus I Ging, die Mehrung (Bild 42) von Konfuzius:

> *„Wenn man an anderen etwas Gutes entdeckt, soll man es nachahmen und so alles Gute auf Erden sich zu Eigen machen. Sieht man an sich selbst etwas Schlechtes, so lege man es ab. Dadurch wird man frei vom Bösen".*

Es liegt im Blick des Betrachters, ob die I Ging-Frau Dir eine Philosophie, ein Orakel oder einen Verhaltenskodex anbietet. Für mich verkörpert die I Ging-Frau alles zusammen – eine universale Philosophin, Ratgeberin und Freundin.

Sie betrachtet jede Situation als einen Wandel. Wenn Du zu Dir ehrlich bist, kannst Du auch bestätigen, dass nichts was Du tust in Stein gemeißelt ist. Irgendwann wirst Du nicht mehr mit Deinem Job oder der Wohnung zufrieden sein. Dein Alter bekommt neue Zahlen und Deine Beziehung wird sich von anfänglicher Verliebtheit voller Leidenschaft in eine reife Partnerschaft wandeln. Und da sind wir bei dem Thema:

Wie soll ich mich entscheiden, wenn sich der Bedarf des Wandelns zeigt?

Nach dem I Ging-Prinzip unterliegt das Leben sich organisch wiederholenden Zyklen. Damals und jetzt besteht das menschliche Leben aus Geburt, Jugend, Reife und Tod; aus einem Anfang, anfänglichen Schwierigkeiten und einer Aneinanderreihung von Erfolgen und Niederlagen. Auch eine Beziehung besteht aus verschiedene Phasen, z.B. Kennenlernen, Leidenschaft, Liebe, Streit und Versöhnung oder Trennung, wenn es einfach nicht mehr passt.

Alle diese Lebensabschnitte, aber auch Abschnitte in kleineren und größeren Unternehmungen (Familienfeier, neue Fortbildung, Wohnungssuche, Arbeitswechsel, Umzug, Projekt, usw.) werden durch insgesamt 64 symbolische Bilder dargestellt. Jedes Bild beschreibt ein universelles menschliches Thema. Die Bilder, sogenannte Hexagramme, haben treffende einzigartige Namen, wie z.B. Die Anfänge, Die Unerfahrenheit, Das Warten, Die Begeisterung, Die Annäherung, Die Befreiung, Die Erschütterung, Die Entschlossenheit oder Nach der Vollendung.

Ritual aufbauen

Jetzt sprechen wir über den Aufbau eines Rituals bevor Du tatsächlich eine Befragung startest. Du fragst: *„Warum ein Ritual? Kann ich nicht direkt die Antwort von der I Ging Frau bekommen!"*.

Ein Ritual ist ein gleich ablaufender Vorgang. Nicht zu verwechseln mit der Routine, wie z.B. immer den gleichen Weg zur Arbeit zu fahren oder Frühstück vorzubereiten. Das Ritual ist ein mentaler Prozess der Versenkung und einer Verbindung mit Deiner inneren Stimme.

In meinem Fall suche ich einen sauberen und leeren Platz, z.B. einen Tisch. Ich bringe eine Kerze mit, ein I Ging Buch, Karten oder Münzen und mein persönliches I Ging-Heft. Wenn die Kerze angezündet wurde, verbeuge ich mich vor der geistigen Welt mit Wertschätzung und positiver Demut. Danach schreibe ich meine Frage ins I-Ging Heft

Und Du, wie möchtest Du Dein Ritual aufbauen? Mache Dir ein paar Gedanken darüber.

Yin und Yang

In jedem I Ging-Buch findest Du 64 Bilder, allesamt genannt Hexagramme. Ein **Hexagramm** bedeutet 6 Linien, wie im Beispiel unten:

Das Hexagramm 3 „Anfänge"

Jedes Hexagramm wird mit einer durchgebrochenen Yin-Linie ▬▬ ▬▬
bzw. einer durchgehenden
Yang-Linie ▬▬▬▬▬
abgebildet. Es spiegelt Zustände und Veränderungen wieder, die sich auf einen Menschen oder eine Situation beziehen.

In dem oben abgebildeten Hexagramm 3 „Anfänge" besteht die erste Linie von unten aus der Yang- und die zweite aus der Yin-Linie.

Zu jeder Linie findest Du im I Ging-Buch einen kurzen Text. Dadurch kann jede erdenkliche Situation oder Anliegen beschrieben werden. Bei der Weissagung ist dieser Text – genannt Wandel-Linie – ausschlaggebend. Er gibt Vorschläge oder Warnungen auf die vorher gestellte Frage.

I Ging Weissagung lesen

Bei einem Frauen-Netzwerk wurde ich von einer Teilnehmerin gefragt, woher ich die Antworten auf ihre Fragen erhalte. Die Antworten kommen von der Sammlung der I Ging-Frau, an einer entsprechenden Stelle im Buch, die die Fragende durch die I Ging – Karten ausgewählt hat.

Wie ich schon im zweiten Kapitel erwähnt habe, haben die I Ging-Bilder eine universelle Bedeutung. Nehmen wir beispielsweise „Entschlossenheit", das Hexagramm Nr. 43. Wir wissen genau was es bedeutet, wenn jemand entschlossen ist. Die Person hat eine Gewissheit in einer bestimmten Weise zu handeln. Davor hat diese Person einen inneren Prozess durchgemacht, bei dem sie unterschiedliche Optionen erwogen hat. Am Ende all der Überlegungen steht für sie der Wille zur Veränderung.

Natürlich, wenn Barbara die Karte mit diesem Hexagramm zieht bedeutet es für sie etwas anderes als für Katharina. Barbara möchte eine neue Beziehung angehen. Katharina, deren Freund die gemeinsame Wohnung verlassen hat, fragt: „Wie kann ich meine Wohnsituation lösen?" Wenn beide, Barbara und Katharina, „Die Entschlossenheit" ziehen – hat sie eine andere Bedeutung aufgrund unterschiedlicher Schicksale beider Frauen.

Wie Du im Titel bemerkt hast, besteht die Ging-Befragung aus fünf Stufen. Bis jetzt haben wir die Stufen 1 und 2 kennengelernt:

1. Wähle das wichtigste Thema von allen Themen, die Dich zu diesem Zeitpunkt stark beschäftigen,

2. Stelle eine offene Frage, die Dich betrifft z.B. Was kann ich tun damit sich meine Beziehung mit Dominic verbessert?"

Die dritte Stufe befasst sich mit der Kartenlegung und Notierung der Symbole. Zuerst breite die I Ging-Karten aus und ziehe daraus zwei Karten. Die erste Karte gilt für die Gegenwart (G) und die zweite für die Zukunft (Z).

 # Übung 3: Befragung mit Karten

Nehme Dein I Ging-Buch zur Hand. Falls Du noch nicht Dein bevorzugtes I Ging Buch ausgewählt hast, findest Du verschiedene Titel in **meine Empfehlungsliste.**

Die Beispiele mit den Karten beziehen sich auf das Karten-Set von Marlies und Klaus Holitzka. Nehme auch Dein I Ging Notizheft und:

• Lege beide Bilder nebeneinander, so dass Linie 1 der Karte (G) auf der gleichen Höhe ist wie die Linie 1 der Karte (Z); Du gehst so weiter für alle Linien von 2 bis 6 vor

• Vergleiche die Unterschiede auf den jeweiligen Linien von 1 bis 6. Eine Wandel-Linie kommt zustande bei unterschiedlichen Yin- und Yang-Strichen auf der gleichen Höhe wie z.B. die Karte (G) hat auf der 2. Linie die Yin-Linie und die Karte (Z) hat auf der 2. Linie die Yang-Linie. Es kann auch umgekehrt sein. Das wichtigste ist, dass die jeweiligen Linien auf der gleichen Höhe unterschiedlich sind.

• Mache ein „x" bei der Abbildung der Karte G hinter der Linie 1. Es ist die Wandel-Linie.

Das nachfolgende Bild mit zwei Hexagrammen zeigt ein konkretes Beispiel von Barbara. Wenn Du das Bild 51 „Die Erschütterung" als Karte (G) gezogen hast und das Bild 16 „Die Begeisterung" als Karte (Z), dann entsteht nur eine Wandellinie bei der Karte (G) auf der Ebene von Linie 1.

In allen nachfolgenden Bildern wird die Wandel-Linie mit „x“ gekennzeichnet. Der Text zu der Linie wird mit dem schwarzen Punkt markiert.

Merke bitte: die Wandel-Linie wird immer der (G) zugeschrieben! Sie ist ausschlaggebend für das Verständnis der Weissagung.

6
5
4
3
2
1
x
Hexagramm 51 Die Erschütterung
Hexagramm 16 Die Begeisterung

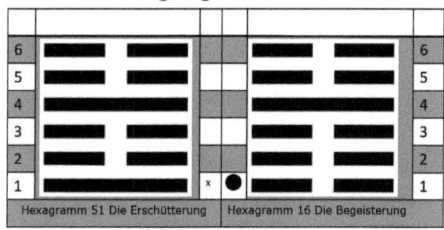

Bild 1: Nur eine Wandel-Linie, Yin oder Yang

Umgang mit Wandel-Linien

Angenommen von Dir gezogene Karte G hat zwei Wandel-Linien, d.h. beim Vergleichen den jeweiligen Linien von 1 bis 6 zwischen den Karten G und Z bemerkst Du Unterschiede auf der Ebene 5 und 6. Wenn beide Wandel-Linien entweder Yin oder Yang sind, in diesem Fall beide Wandel-Linien bei der Karte H51 sind Yin, lese den Text Nr. 5 zu der unteren Yin Linie aus dem von Dir ausgewählten I Ging-Buch.

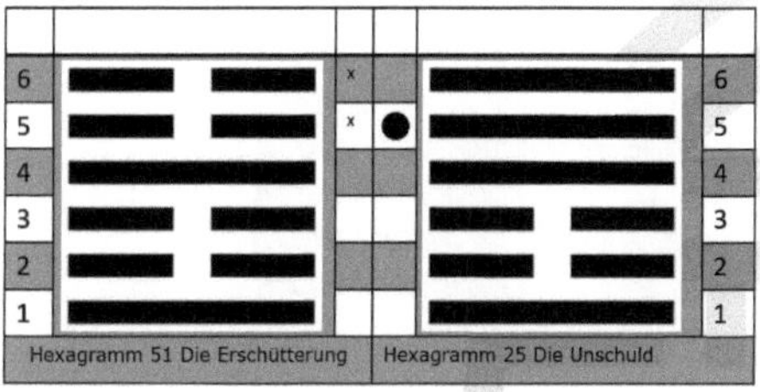

6
5
4
3
2
1
x
x
Hexagramm 51 Die Erschütterung
Hexagramm 25 Die Unschuld

Bild 2: Zwei Yin oder zwei Yang

Wenn eine W-Linie Yin und die andere Yang ist, lese die Yin-Linie, wie im Beispiel unten:

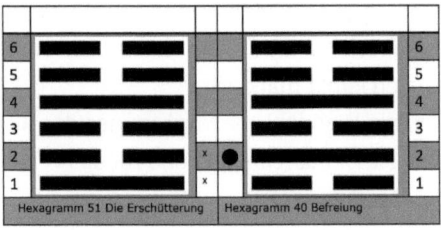

Bild 3: Jeweils ein Yin und ein Yang

Im Falle von drei Wandel-Linien auf der G-Karte, wie unten abgebildet, lese bitte den Text zu der mittleren Linie:

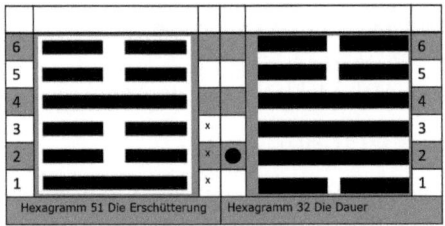

Bild 4: Drei Wandel-Linien

Wenn vier Wandel-Linien auf der G-Karte entstehen, wird der Text zu der oberen der beiden nicht bewegten Linien (gekennzeichnet als „y") gelesen; in diesem Beispiel ist es Linie 6 vom Hexagramm 51:

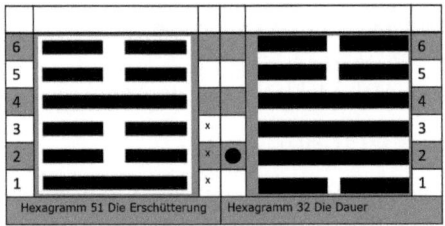

Bild 5: Vier Wandel-Linien

Bei fünf Wandel-Linien wird der Text zu der einzigen nicht bewegten W-Linie aus dem I Ging Buch gelesen:

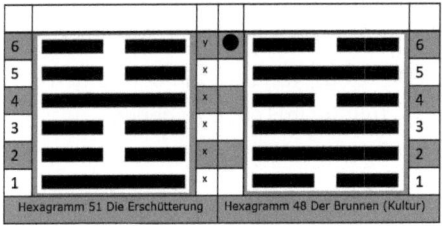

Bild 6: Fünf Wandel-Linien

Zusammengefasst: folgende Methode setze ich beim Lesen der Texte zu den Wandel-Linien ein. Wenn:

* **Zwei Wandel-Linien** vorkommen, entweder eine Yin- oder eine Yang-Linie, lese den Text zu der unteren von zwei Linien der Karte (G)

* **Zwei Wandel-Linien** vorkommen, eine ist Yin- und die andere ist eine Yang-Linie, lese den Text zur Yin-Linie der Karte (G)

* **Drei Wandel-Linien** – lese den Text zur mittleren Linie

* **Vier Wandel-Linien** – lese den Text zur oberen von zwei nicht beweglichen Linien, markiert mit „y"

* **Fünf Wandel-Linien** – lese den Text zur einzigen nicht beweglichen Wandel-Linie, markiert mit „y".

Gleich folgt die Stufe Vier, in der Du lernst, mithilfe vom I Ging-Buch die gezogenen Bilder zu interpretieren. Klingt es einfach? Ist es auch, denn darum geht es in dieser modernen Anleitung zum I Ging. Wir nutzen ein wirksames Werkzeug, um uns und den Anderen Glück, Freude und Erfüllung im Leben zu geben.

DIE VIERTE STUFE: WIE DU DEN RICHTIGEN WEG FINDEST

An meinem Messestand mit „Coaching & I Ging" sagte eine sympathische Frau um die 50, dass sie eine Frage an das I Ging stellen möchte, „...weil die Antwort immer ins Schwarze trifft". Ich stimme ihr natürlich zu, aber warum meinen es viele Menschen?

Intuition – blitzschnell, ja / nein

Wenn ich das I Ging befrage, entsteht eine zeitliche Verbindung zwischen meiner Welt und der I Ging-Welt. Hier kommen zwei Dinge zusammen: Synchronizität, anders ausgedrückt, Gleichzeitigkeit von zwei Ereignissen und der Intuition.

> *Das I Ging bildet die Gegenwart und die mögliche Zukunft der Fragenden ab mit dem Prinzip der Synchronizität.*

Das I Ging bildet die Gegenwart der Fragenden ab, ähnlich einem Querschnitt aus dem Kaleidoskop mit den dazugehörigen Ereignissen, Gedanken und Gefühlen. Deine spezielle Frage wird synchron, das heißt gleichzeitig im I Ging abgebildet.

Intuition, nicht zu verwechseln mit dem Instinkt, ist die Summe aller Erfahrungen, die wir in unseren Zellen gespeichert haben. Viele intuitive Blitzgedanken sind verschlüsselt. Sie erscheinen blitzschnell und vage irgendwo im Körper und genauso schnell lösen sie sich auf. Erinnere Dich bitte, ob Du diese vagen Gefühle aus der letzten Zeit beschreiben kannst. Wahrscheinlich nicht, Du kannst Dich nicht einmal an deren Erscheinung erinnern, wenn Du sie nicht direkt im vollen Umfang wahrgenommen und gedeutet hast.

In dem Moment, wenn Du die Texte aus dem Buch zu Deiner Frage liest, stell Dir vor, dass die I Ging-Frau Deine echte Situation im Querschnitt sieht. Der Kern Deiner Frage, das Unbekannte in Deiner Situation, wird von der kollektiven Weisheit erkannt.

Die Interpretation

Bevor Du anfängst, die Weissagung zu interpretieren, entscheide Dich für ein einziges I Ging Buch. Es ist ratsam, zuerst nur mit einem Buch zu üben und zu experimentieren. Mein Favorit für Dich ist das Buch von Klaus und Marlies Holitzka, das mit viel Gespür und Sprachtalent den alten Quellentext in eine moderne Sprache übersetzt.

Zur besseren Darstellung, bleiben wir bei dem letzten Beispiel mit den Hexagrammen: 51 und 16. Bitte lese Texte aus Deinem I Ging Buch an folgenden drei Stellen:

1. Zum Hexagramm 51 – den ganzen Text unter dem Abbild des Hexagramms. Er beschreibt symbolisch die Gegenwart bezogen auf Barbaras Frage.

2. Den Text 1 zur Linie 1 beim Hexagramm 51 (sogenannte Wandel-Linie) – Der Text liefert Barbara einen Vorschlag oder Tipp was zu verändern ist und

3. Zum Hexagramm 16 – den ganzen Text unter dem Abbild des Hexagramms. Barbara erfährt den symbolischen Ausblick auf die Geschehnisse in der Zukunft wenn sie sich für eine vorgeschlagene Handlung entscheidet.

Um die die erhaltene Weissagung zu begreifen, könnte Barbara sich folgende Fragen stellen:

• Was soll ich auf jeden Fall tun oder verändern?
• Was soll ich vermeiden?

Nach der Lektüre von Texten 51 und 16 hat Barbara auf die erste Frage folgend geantwortet: *Mein Denken über eine Begegnung mit einem Mann verändern. Nur im ersten Augenblick ist es erschreckend wie bei einem Blitz Hexagramm 51, Text 1), dann geht es vorüber.*
Auf die zweite Frage antwortet Barbara: *Es ist falsch zu denken, dass ich etwas verpasst habe, wenn ich keine Verabredungen in letzten 10 Jahren hatte. Dank meinem Alter und Erfahrung schöpfe ich Zuversicht für die Zukunft. Ich spüre endlich, was für mich richtig ist (Hexagramm 16 „Die Begeisterung").*

Genauso kannst Du bei Deinen zwei Hexagrammen vorgehen. So liefert Dir die I Ging-Frau das symbolische Abbild Deiner Situation und weist hin auf die Stelle, die Du angehen sollst. In der Medizinsprache wäre die I Ging-Frau die Institution, die Dir die Ursachen eines Anliegens zeigt und nicht die augenscheinlichen Symptome.

Übung 4:
Weissagung zusammenfassen

Nehme wieder Dein I Ging-Heft und notiere Worte oder Sätze, die Dir einfallen nach der Lektüre von Deinen zwei Hexagrammen und der Wandel-Linie. Lese nochmals Deine ursprüngliche Frage und bilde Zusammenhänge zwischen Deinem Anliegen und den weissagenden Antworten aus den Texten. Antworte auf die zwei oben genannten Fragen.

Welche Ratschläge ergeben sich daraus? Was sagt Deine Intuition dazu? Du sagst vielleicht, ich kann die Ratschläge nicht richtig hören, sie sind verschwommen. Mache Dir keine Sorgen. Mit dem regelmäßigen Gespräch mit der I Ging-Frau wird Deine Intuition von Woche zu Woche stärker. Es gibt dafür einen einfachen Trick.

Als ich vor 20 Jahren den Dialog mit der I Ging-Frau angefangen habe, habe ich mir eine Frage gestellt und danach das I Ging-Buch intuitiv auf einer Seite aufgemacht. Ich las diesen Text mehrere Male und ließ ihn auf mich wirken. Eigentlich wusste ich direkt, welche Botschaft ich hier bekomme.

Die bestmögliche Handlung jetzt

Mit den vorhin zwei gezogen Karten und der Interpretation erhältst Du den maßgeschneiderten Rat für die beste Handlung unter den von Dir beschrieben Umständen.

Es ist als ob die I Ging-Frau mit ihrer Weisheit die Räume Deiner Seele und Deines Lebens scannt und alle kleinsten Durchgänge, Nischen und Ausgänge sieht, die für dich dunkel bleiben.

Und während Du die Texte liest, kannst Du plötzlich die innere Stimme wahrnehmen: deine Intuition. Sie wacht aus dem tiefen langen Schlaf auf und überträgt die universelle Botschaft auf Dein konkretes Anliegen. Dein inneres Licht geht auf und Du begreifst welche ist die bestmögliche Handlung jetzt. Was für eine Erleichterung!

Meine wahre Geschichte

So war es als ich mit 52 gefragt habe: „Was passiert wenn ich ein Abendstudium angehe?" Das erhaltene Bild war 55, Der Zenit oder Die Fülle. Hier spricht man von einer Sonne, die im Zenit steht. Es ist symbolisch die Spitze der Möglichkeiten für einen begrenzten Zeitraum. So wie die Sonne untergeht, so wird diese Situation auch vergehen. Deshalb soll man „das Eisen schmieden, solange es heiß ist". Ich wusste, würde ich diese einmalige Chance einfach verstreichen lassen, würde ich es mir nie verzeihen.

Nach 2,5 Jahren hatte ich das MBA-Studium mit einer Note 1,7 abgeschlossen. Dank einem guten Zeit-Management konnte ich meine Arbeit in Vollzeit und das Studium aufeinander abstimmen.

Hast Du ein dringendes Thema oder langfristiges Vorhaben, dass Du erst einmal unter der Anleitung der I Ging-Frau klären möchtest?

....

....

....

Dafür würde sich die Teilnahme an meinem Grundkurs I Ging oder Wochenendseminaren eignen. Wir nehmen ganz konkrete Praxisbeispiele auf und üben damit. Mehr darüber findest Du auf meine Webseite https://www.coaching-piechowska.com/termine.
Das nächste Kapitel zeigt wie Du das Ergebnis der Weissagung in gangbare Schritte transformieren kannst.

DIE FÜNFTE STUFE: WIE DU DAS ZIEL ABLEITEST

Wie geht's Dir jetzt? Freust Du Dich, dass Du endlich weißt, wohin Dein Weg führt?

Lass Dich auf dieses Gefühl ein, spüre es tief in Dir, wie wunderbar es ist, endlich die KLARHEIT zu haben, was zu tun ist.

Nun, eine kluge Weissagung ist unter einer Bedingung nützlich: wenn sie umgesetzt wird.

Übung 5:
Dein Ziel aus der I Ging Botschaft

- Nehme wieder Dein I Ging Heft. Schaue nochmals auf Deine Notizen aus der Übung 4. Danach lese wieder drei Textstücke zur Karte G, zur Karte Z und den Text zur Wandel-Linie.
- Formuliere jeweils einen Satz zu jedem Textstück von:

Karte G:

....

....

....

Wandel-Linie aus der Karte G:

....

....

....

und Karte Z:

....

....

....

Erinnerst Du Dich an die klare und zeitlich einge-
schränkte Frage von Barbara aus dem Kapitel 2, Wahre
Geschichte? Sie lautete:

> *Was kann ich in den nächsten drei Monaten*
> *tun, um mich für eine Partnerschaft zu öffnen?*

Barbara will handlungsfähig sein und diese Frage in
ein klares Ziel umwandeln. Dafür verwendet Sie eine
sehr verbreitete SMART-Methode aus Management-
Entscheidungstechniken. SMART ist eine Abkürzung
aus den Anfangsbuchstaben:

S ....Spezifisch,

M ....Messbar,

A ....Attraktiv (d.h. motivierend für Dich),

R ....Realistisch und

T ....Terminiert

Du kannst auch das gleiche machen und Dein Ziel
mit der SMART-Formel formulieren. Auf die frühere
Frage von Barbara „Was kann ich in den nächsten
drei Monaten tun um einen zukünftigen Partner
kennenzulernen?" könnte sie ein Ziel formulieren:

Ich nehme an verschiedenen Treffen einmal pro Woche teil und übe den Kontakt mit neuen Menschen, nicht nur Männern. Meine Haltung ist: ich bin von meinem Alter, Hobbies und Erfahrung „begeistert".

Die SMART-Ziel-Formel lautet:
Ich..
(tue)...
(etwas) ....
(wie) ....
(wie lange / bis wann) ....

....

....

....

Viel Glück bei der UMSETZUNG!

Du bist dran, mach was aus Deinem Leben

In meinem Life- und Business-Coaching begleite ich Frauen ihre ganzheitliche Standortanalyse vorzunehmen. Ob mit 35 oder 63, Sie alle wollen etwas Neues ansteuern. Jede Frau hat ein Recht auf Veränderung.

Sie wollen lieber eine Berufung statt einen unpassenden Beruf oder sie planen ihre Selbstständigkeit gerade mit 50. Diese Frauen entdecken für sich Liebe zu ihrem Körper durch eine regelmäßige Yogapraxis oder Tai Chi. Sie betonen ihre Weiblichkeit und ziehen farbenfrohe Kleidung an. Sie malen wunderschöne Bilder, die eine öffentliche Ausstellung verdienen.

Es ist nur ein von hunderten Beispielen. Diese Frauen wachsen über sich hinaus. Es macht mir so viel Freude, am Glück dieser Frauen teilzunehmen.

Das wichtigste jedoch ist ihre wachsende Wahrnehmung der eigenen Bedürfnisse. Sie entdecken den Spaß am Weg-Finden zu einem **souveränen Leben, in dem alles mit ihrer Wahrnehmung und Zustimmung passiert.**

Wenn Du willst, kannst du mit mir im persönlichen Coaching Deine Priorität A fokussiert und effizient angehen. Ich bin neugierig zu erfahren was Du brauchst und was Dich motiviert. Mit verschiedenen Methoden formulieren wir die Ziele und gestalten eine Zeitachse für die Umsetzung. Da unsere Arbeitswelt international agiert, coache ich leidenschaftlich gerne auch auf Englisch und Polnisch.

Um Deinen Bedürfnissen zu entsprechen habe ich ein paar Coaching-Pakete geschnürt. Sie bereiten Dich günstig zu Deinem Quantensprung vor. Solche Investition kommt zurück als eine früher nicht gesehene Chance oder mehr Verdienst. „Was Du säßt, das erntest Du".

Das ist die Natur der Gesetze. Was meinst Du? Bist Du bereit, den Weg von UNENTSCHIEDEN zu mehr Selbstvertrauen, Glück und Wohlstand zu finden?

Du bist herzlich willkommen zu einem von meinen Seminaren oder zum 1:1 persönlichem Coaching – http://www.coaching-piechowska.com.

Ich freue mich auf die Begegnung mit Dir!

Meine I Ging Empfehlungsliste

Bücher und Karten-Sets in der Reihenfolge

1. Marlies Holitzka und Klaus Holitzka „I Ging- Orakel, Beratung, Lebenshilfe", Verlag Königsfurt Urania, Krummwisch bei Kiel 2012

2. Brigitte Hamann „I Ging – der Wegweiser", Verlag Kopp, Rottenburg 2011

3. Richard Wilhelm „I Ging – Das Buch der Wandlungen", Verlag Diederichs, München 2004

Links

Meine Webseite www.coaching-piechowska.com

Meine Email-Adresse: maria.piechowska@gmx.de

I Ging online, alle Texte von Richard Wilhelm: http://www.onlinehoroskope.de/iging/ iging-hexagramme.htm

1. Mein Anliegen (das Thema, Personen, Gefühle)

....

....

2. Meine Frage ans I Ging (Wie, Was, In welcher Weise ...)

....

....

3. Befragung

Karte (G) für die Gegenwart, Hexagramm
von 1 bis 64 Nr. ....

Karte (Z) für die Zukunft, Hexagramm
von 1 bis 64 Nr. ....

4. Texte und Interpretation (Stichpunkte notieren)

Karte (G)..

....

Wandel-Linie zur Karte (G)..

....

Karte (Z)..

....

5. Ziel und Umsetzung

Ziel
....

....

Umsetzung mit SMART-Methode

Ich (Vorname)
....

(tue)
....

(etwas)
....

(Wie)
....

(wie lange/bis wann)
....

Ergebnis:
....

....

....

....

....

....

....

....

....

....

DEINE BEFRAGUNG
IN FÜNF STUFEN

📑 **1. Mein Anliegen** (das Thema, Personen, Gefühle)

....

....

📑 **2. Meine Frage ans I Ging** (Wie, Was, In welcher Weise ...)

....

....

📑 **3. Befragung**

Karte (G) für die Gegenwart, Hexagramm
von 1 bis 64 Nr. ....

Karte (Z) für die Zukunft, Hexagramm
von 1 bis 64 Nr. ....

📑 **4. Texte und Interpretation** (Stichpunkte notieren)

Karte (G)
....

....

Wandel-Linie zur Karte (G)
....

....

Karte (Z)
....

....

5. Ziel und Umsetzung

Ziel

....

....

Umsetzung mit SMART-Methode

Ich (Vorname) ....

(tue) ....

(etwas) ....

(Wie) ....

(wie lange/bis wann) ....

Ergebnis: ....

....

....

....

....

....

....

....

....

....

DEINE BEFRAGUNG
IN FÜNF STUFEN

1. Mein Anliegen (das Thema, Personen, Gefühle)

....

....

2. Meine Frage ans I Ging (Wie, Was, In welcher Weise ...)

....

....

3. Befragung

Karte (G) für die Gegenwart, Hexagramm
von 1 bis 64 Nr. ....

Karte (Z) für die Zukunft, Hexagramm
von 1 bis 64 Nr. ....

4. Texte und Interpretation (Stichpunkte notieren)

Karte (G)...

....

Wandel-Linie zur Karte (G)...

....

Karte (Z)...

....

5. Ziel und Umsetzung

Ziel ....

....

Umsetzung mit SMART-Methode

Ich (Vorname) ....

(tue) ....

(etwas) ....

(Wie) ....

(wie lange/bis wann) ....

Ergebnis: ....

....

....

....

....

....

....

....

....

....

Meine Story

Ich könnte Dir schreiben, dass ich immer schon gute Fragen stellen konnte und wusste was wichtig ist. Nein, es fing mit 32 Jahren an. Ich brauchte Antworten um das Leben meiner Familie im Westen verantwortungsvoll zu gestalten.

In Deutschland angekommen, Kultur-schock pur, kein Deutsch, nur englisch – die Situation für mich war unüber-sichtlich. Niemand sagte mir, was ich tun sollte. Mir ist klar geworden: ich selbst musste GUTE FRAGEN STELLEN um darauf GUTE WEGWEISENDE ANT-WORTEN finden zu können.

Und so entstand meine Absicht, mehr über meine Wünsche, meine Potentiale, aber auch meine Ver-antwortung zu reflektieren. Mit der Zeit fand ich, dass nur Entscheidungen, die auf eine lange Sicht mir und anderen Menschen „zu Gute kommen" langfristig rich-tige Entscheidungen sind. Ich will nicht verschönern: für meine Kinder war diese Suche nach einem neuem Lebensmodel an vielen Stellen hart und unverständlich. Als Familie haben wir es gemeistert und ich bin zutiefst dankbar – in der Sprache der I Ging-Frau – für unseren Glauben an die Richtigkeit der Entscheidungen und die nötige Beharrlichkeit.

Nach 25 Jahren Tätigkeit im Qualitäts- und Manage-mentberatung wurde der nächste riesengroße Wunsch erfüllt– Life Coaching für Frauen. Mein Schwerpunkt liegt an der ganzheitlichen Entscheidungsfindung mit der Kombination von Analyse und Intuition – beides ist unerlässlich.

Je nach Bedarf bin ich froh aus meinem Business-Korb zu schöpfen: SMART, Pareto-Prinzip (oder 80-zu-20-Regel), Entscheidungsfindung in 7 Schritten, aber auch aus dem Kurz-Zeit-Coaching nach Steve de Shazer. Meine Kunden, die sich beruflich neu orientieren wollen, coache ich u.a. mit dem Wissen aus der Kompetenzbilanz, Berufstraining und Organisationsentwicklung.

Und trotzdem stehen im Mittelpunkt die spirituellen Fertigkeiten erworben durch die 20-jährige Praxis der chinesischen Weisheitslehre I Ging. Für mich ist I Ging weiblich, meine alte kluge Freundin.

Wenn ich von meiner Mission spreche, dann ist es die: mehr Souveränität für Frauen und mehr Entscheidungen, die langfristig Harmonie und Frieden auf der Erde bringen.

Mit besten Wünschen auf Deinem I Ging Weg!
Maria Piechowska, Deine I Ging-Coachin

Danksagung

Mein Dank gilt allen Menschen, die mich auf dem langen Weg in Deutschland und zu diesem ersten Buch begleitet haben. Zuerst geht mein Dank an meine spirituelle Vorfahren: meine Großmutter Karolina und meinen Vater, der schon ein I Ging-Buch auf Polnisch zu Hause hatte. Meinen zwei Kindern danke ich für ihre Liebe, Geduld und ständige Ermutigung mehr zu wagen. Damit ich schreiben konnte, hat mein Partner Colin mir den Alltag mit wunderschönen englischen Gerichten versüßt.

Meinen „deutschen" Werdegang verdanke ich den ersten zwei befreundeten Eheleuten, die unsere Familie von West-Berlin nach Düsseldorf über 30 Jahre begleitet haben - Sigrun mit Meinolf D. und Renate mit Detlef B.

Die größte Inspiration diese Anleitung zu schreiben kam von Frauen, die ich mit der I Ging-Weissagung gecoacht habe. Ich erinnere mich mit Dankbarkeit an jedes einzelne Gespräch.

Für eine professionelle Einführung, wie man Sachbücher und dazu E-Books schreibt danke ich Tom Oberbichler.

Für den abgeschlossenen Schreibprozess danke ich der neu gewonnen Freundin und Lektorin Leonie Barenbrock, die meinen Blick auf die Buchstruktur und Lesebedürfnisse feinfühlig über lange Zeit geduldig geschult hat.

Mein herzlicher Dank geht auch an eine sprachbegabte Freundin, S. D., die meine grammatikalische Abweichungen, zu meiner Freude, rigoros korrigiert hat.

Und wie gut, dass Karoline Philippi, die Stimm-Trainerin viele wertvolle Verbesserungen zum Text hinzugefügt hat als auch Wolfgang Weber.

Trotz allem, wenn Du liebe Leser*in noch Ungereimtheiten findest, bitte ich dies zu entschuldigen. Ich freue mich auf Dein Feedback und Schilderung Deiner Erfahrungen mit dieser I Ging-Anleitung.